LETÍCIA YUMI MARQUES

DIREITOS DOS Pets

GUIA PARA TUTORES(AS) DE ANIMAIS

CIP-BRASIL. CATALOGAÇÃO NA PUBLICAÇÃO
SINDICATO NACIONAL DOS EDITORES DE LIVROS, RJ

M319d

Marques, Letícia Yumi, 1982-
Direitos dos pets guia para tutores (as) de animais / Letícia Yumi Marques. - 1. ed. - São Paulo : Letras do Pensamento 2022.
100 p. 16 cm.

Inclui bibliografia
ISBN 9786589344216

1. Direitos dos animais - Brasil. 2. Animais - Proteção - Legislação - Brasil. I. Título.

22-81121 CDU: 343.58(81)

Meri Gleice Rodrigues de Souza - Bibliotecária - CRB-7/6439

14/11/2022 18/11/2022

LETÍCIA YUMI MARQUES

DIREITOS DOS PETS

GUIA PARA TUTORES(AS) DE ANIMAIS

1ª Edição – 2022 – São Paulo – SP

Letrasdo Pensamento

Editoração e montagem capa e miolo: *@armenioalmeidadesigner*

Revisão: *Letícia Yumi Marques*

Editor: *Claudio P. Freire*

1a Edição – 2022 – São Paulo – SP

Letrasdo Pensamento

LETRAS JURÍDICAS EDITORA
Rua Eduardo Prado, 28, Casa 1 – Vila Bocaina
CEP 09310-500 – MAUÁ – SP.
Telefone/Fax (11) 3107-6501 – Celular (11) 9-9352-5354
Site: www.letrasjuridicas.com.br;
E-mail: vendas@letrasjuridicas.com.br;

Impresso no Brasil

Para o amigo Rafael Aleixo, que mudou meu mundo para melhor depois de me convencer a adotar um cachorrinho e se tornou padrinho do Baleia. Obrigada, Rafa, por me mostrar o que é o amor verdadeiro.

Apresentação

TORNANDO-NOS PAIS E MÃES DE PETS

Baleia chegou à minha casa na noite de sexta-feira, 9 de agosto de 2019. A ideia de adotar um cachorro surgiu em 2017, mas foi adiada por dois anos por diversas razões: trabalho, falta de grana, falta de tempo e estudos. O empurrão veio de um amigo apaixonado por animais que, após ouvir minhas ladainhas para não adotar um cachorrinho, disse que se eu ficasse esperando o momento perfeito para ter um cachorro nunca teria um, pois sempre vamos ter muitas coisas a fazer e pouco tempo.

Quando chegou, Baleia tinha 45 dias e pouco mais de um quilo. Foi-me dito por quem o ofereceu que estava vermifugado e que não tinha doenças. No entanto, após dois dias juntos, começou uma infestação de carrapatos em casa. No terceiro dia, levei-o à veterinária onde entendi que, diferente do que eu achava, Baleia provavelmente vinha de algum tipo de canil clandestino, que podia ter optado por despachá-lo para evitar gastos, já que ele estava, além dos carrapatos, com otite nas duas orelhas e infestação de vermes. Fiquei indignada e com muita raiva de quem, por dinheiro, deixou um ser tão inocente sofrer tanto. Baleia não havia sido vermifugado, como me fora dito, e jamais recebera nenhum tipo de cuidado médico. Acreditamos que ele foi dispensado porque estava doente e o tratamento comeria parte do lucro do criador. Eu ainda não sabia, mas começava a nascer ali o meu ativismo pelos animais.

Enquanto cuidava da saúde do Baleia, comecei a questionar se estava fazendo o suficiente. Já havia tido cães em casa quando criança, mas num tempo, na década de 1990, em que eles mal podiam passar da porta da cozinha e comiam restos de comida e, nos dias de hoje, tudo é diferente. Os pets estão mais próximos, nos sofás, nas camas e deixaram de ser "o melhor amigo do homem" para serem "filhos de quatro patas". Com isso, fui buscar cursos sobre comportamento e bem-estar animal e aprendi mais sobre como dar ao Baleia uma vida plena e feliz.

Após a vacina de raiva, dada aos quatro meses, começamos a sair para passear e novas dúvidas surgiram sobre acesso a restaurantes, transporte público, carros de aplicativo etc. As redes sociais estão cheias de informações, nem sempre corretas. Então, como advogada, fui pesquisar direto na fonte: nas leis, decretos, resoluções e portarias.

Esses estudos me trouxeram a uma nova área do Direito, a do Direito Animal, e foram a base para construção do Curso de Extensão em Direito Animal que atualmente coordeno e em que leciono na Universidade Presbiteriana Mackenzie.

Este manual foi escrito para compartilhar com você as principais informações que precisa saber sobre os seus direitos e deveres como tutor ou tutora, pai ou mãe de pet, bem como os direitos que eles, os pets, possuem ou deveriam possuir.

Lisboa, 26 de junho de 2022.

Prefácio

Werner Grau[1]

Quando a conheci, Letícia ainda não tinha iniciado sua jornada de amor com o Baleia, e o Bidu ainda demoraria a chegar. Nossa amizade vem muito da proteção animal, da identidade de valores e propósito. Assim como os lobos e humanos foram mudando comportamento, e uma relação utilitarista tornou-se emocional, à medida que vi Letícia afeiçoar-se ao Baleia e tornar-se ativista, nossa relação meramente profissional tornou-se uma

1. Advogado e protetor de animais.

amizade alicerçada no respeito a esses nossos irmãos, parte de nossas famílias multiespécie.

O dizer o direito dos animais ajuda a disseminar o entendimento de que eles sentem e merecem respeito, dignidade.

Mostrar como a lei e a jurisprudência vêm interpretando esses direitos ajuda o tutor e a tutora a saberem como proteger seu amigo não humano e, ao mesmo tempo, respeitar a vida em sociedade.

Nem todos os humanos enxergam os não-humanos como irmãos. Mas todos devemos respeito a eles, só pelo fato de sentirem, de viverem, de merecerem viver e com dignidade. Esta obra reúne o que de essencial é preciso saber para viver e conviver bem com os nossos irmãos não humanos e com os humanos com os quais nossos irmãos não humanos interagem.

Epígrafe

"Talvez seja a quarta ferida narcísica da condição humana: não somos o centro do universo desde Copérnico, pertencemos ao reino animal desde Darwin, não mandamos nem na nossa consciência plena desde Freud e talvez tenhamos que reconhecer, em breve, a titularidade de direitos por animais."

Ministro Luís Roberto Barroso,
ao proclamar seu voto nos autos da
Ação Direta de Inconstitucionalidade
n.º 5.995, julgado pelo Pleno do STF em
27/05/2021.

Sumário

Abreviações

CFMV – Conselho Federal de Medicina Veterinária

CRMF – Conselho Regional de Medicina Veterinária

DEPA – Delegacia Eletrônica de Proteção Animal

IBAMA – Instituto Brasileiro do Meio Ambiente e dos Recursos Naturais Renováveis

RGA – Registro Geral do Animal

SISFAUNA – Sistema Nacional de Gestão de Fauna Silvestre

STF – Supremo Tribunal Federal

STJ – Superior Tribunal de Justiça

USP – Universidade de São Paulo

1.
Animais têm direitos?

No Código Civil brasileiro (BRASIL, 2002), até o momento, animais são considerados *bens semoventes*, ou seja, são objetos móveis que possuem reconhecido valor econômico. Por isso, ao pé da letra fria da lei, animais são objetos e não sujeitos de direito. Ou seja: eles não têm direitos, mas tê-los é direito de quem os possuir ou for seu proprietário.

No entanto, considerar os animais como objeto pode levar à equivocada interpretação de que seu(sua) dono(a) pode dispor deles como bem entender, no exercício do seu direito de propriedade. Assim, em tese, seria permitido ao dono ou dona destratar o animal, inclusive batê-lo ou deixá-lo sem comida. Porém, isso não é permitido pela legislação brasileira porque, apesar de ser considerado objeto pelo Código Civil (BRASIL, 2002), há outros dispositivos legais que proíbem esse tipo de tratamento, que é considerado maus-tratos.

Desde 1988, a Constituição Federal (BRASIL, 1988) foi clara ao proibir o tratamento cruel de animais. Essa proibição foi reforçada em 1998 com a Lei de Crimes e Infrações Ambientais (BRASIL, 1998), que tipificou a conduta de maus-tratos e a tornou efetivamente um crime. Essa lei de 1998 começa a desconstruir a noção de animais como objeto porque, com a criminalização da conduta de maus-tratos, os(as) donos(as) de animais não poderiam mais fazer com eles o que bem entendessem, especialmente atos que pudessem configurar maus-tratos.

Assim, o conceito do animal como propriedade foi relativizado porque ainda que se considere um animal como objeto, ele se tornou um tipo de propriedade com a qual não se pode mais fazer o que se quiser, em contraposição à noção clássica do direito de propriedade do direito civil.

Na verdade, assim como em muitas outras situações que envolvem a aplicação da lei, existe uma contradição entre o que diz a Constituição Federal, de 1988, a Lei de Crimes e Infrações Ambientais, de 1998, e o Código Civil, de 2002.

A proibição de tratamento cruel e a criminalização da conduta de maus-tratos previstas na Constituição e na Lei de Crimes Ambientais pressupõem a senciência animal, ou seja, a sua capacidade de sentir dor e outras emoções como medo e angústia e de formar laços de afeto com outros animais humanos e não humanos. Partindo desse pressuposto, se os animais sentem, não faz sentido que sejam considerados objetos pelo Código Civil.

Para solucionar conflitos relacionados à aplicação da legislação, especialmente quando há possível contradição ao que dispõe a Constituição, o STF é acionado.

Nos anos de 1998 e 2011, o STF julgou as primeiras ações de grande repercussão envolvendo a questão animal: o caso "Farra do Boi" (BRASIL, 1997a) e o caso "Briga de Galo" (BRASIL, 2011). Em ambos os casos, o STF entendeu que essas práticas submetem os animais à crueldade e, por isso, são inconstitucionais. Até aquele momento, o entendimento do STF para julgar a prática inconstitucional dizia respeito à integridade da fauna para manutenção do equilíbrio ecológico, ou seja, à proteção do animal como parte do meio ambiente, como recurso natural.

O reconhecimento da senciência animal e seu valor intrínseco pelo STF ocorreu finalmente em 2016, no julgamento do caso "Vaquejada" (BRASIL, 2016, p. 18). Nessa ocasião, o acórdão do tribunal mencionou expressamente os animais como seres sencientes[2].

Posteriormente, em 2019, quando foi julgado o caso sobre sacrifício de animais em religiões de matriz africana, o STF ponderou que os maus-tratos ou tratamento cruel se caracterizam pelo sofrimento prolongado e não pelo abate em si, concluindo que a prática religiosa não contraria as disposições constitucionais

2. "A vedação da crueldade contra animais na Constituição Federal deve ser considerada uma norma autônoma, de modo que sua proteção não se dê unicamente em razão de uma função ecológica ou preservacionista, e a fim de que os animais não sejam reduzidos à mera condição de elementos do meio ambiente. Só assim reconheceremos a essa vedação o valor eminentemente moral que o constituinte lhe conferiu ao propô-la em benefício dos animais sencientes."

(BRASIL, 2019c). Essa decisão é polêmica e divide opiniões.

Mais recentemente, em 2021, ao analisar o caso sobre o uso de animais em experimentos na indústria de cosméticos (BRASIL, 2021), o STF ponderou que os animais são protegidos pela Constituição contra tratamento cruel e, por isso, não poderiam ser usados nesse tipo de experimento. A exceção seria o seu uso em experimentos científicos para produção de drogas, medicamentos, alimentos e imunobiológicos, regulado pela chamada Lei Arouca (BRASIL, 2008).

As decisões do STF demonstram que o tratamento dado aos animais no Brasil é bem-estarista, ou seja, considera aceitável o uso de animais não humanos para seus propósitos, ainda que para finalidades específicas, em contraposição ao posicionamento abolicionista, favorável à eliminação ou considerável redução do uso de animais não humanos para as atividades humanas (FRANCIONE; GARNER, 2010).

Ainda assim, a constituição brasileira é uma das poucas que aborda algum tipo de proteção aos animais, ao lado das constituições da Suíça, Índia, Eslovênia, Alemanha, Luxemburgo, Áustria, Egito e Rússia (STILT, 2021). Além disso, as decisões do STF indicam que o regime jurídico que se aplica atualmente aos animais no Brasil não é mais suficiente para tutelá-los e para tutelar as mais diversas situações envolvendo humanos e não humanos. Nos mais diversos contextos, considerar os animais como objeto não resolve os problemas que são levados à Justiça.

Por exemplo: em São Paulo, o Tribunal de Justiça reconheceu, em 2015, um animal como ser senciente[3] e titular de "in-

3. GUARDA E VISITAS DE ANIMAL DE ESTIMAÇÃO. SEPARAÇÃO JUDICIAL. O animal em disputa pelas partes não pode ser considerado como coisa, objeto de partilha, e ser relega-

teresses dignos de consideração" em uma ação de separação na qual se concedeu a guarda compartilhada de um cão a cada uma das partes, em vez de dispor sobre a tutela do animal no regime de partilha de bens como um objeto (SÃO PAULO, 2015)[4]. Ao decidir pela guarda em vez da partilha, o tribunal também reconheceu o vínculo

---

do a uma decisão que divide entre as partes o patrimônio comum. Como senciente, afastado da convivência que estabeleceu, deve merecer igual e adequada consideração e nessa linha entendo deve ser reconhecido o direito da agravante, desde logo, de ter o animal em sua companhia com a atribuição da guarda alternada. O acolhimento da sua pretensão atende aos interesses essencialmente da agravante, mas tutela, também, de forma reflexa, os interesses dignos de consideração do próprio animal. Na separação ou divórcio deve ser regulamentada a guarda e visita dos animais em litígio. Recurso provido para conceder à agravante a guarda alternada até que ocorra decisão sobre a sua guarda. Voto n.º 20.626. Rel. Des. Carlos Alberto Garbi.

4. A qualificação do processo, incluindo o número dos autos e nomes das partes, é mantida em segredo de justiça por determinação legal do Código de Processo Civil (BRASIL, 2015) porque versa sobre "casamento, separação de corpos, divórcio, separação, união estável, filiação, alimentos e guarda de crianças e adolescentes". Apenas o voto foi divulgado pela assessoria de imprensa do Tribunal de Justiça do Estado de São Paulo.

de afeto entre o cão e seus tutores e tutoras e, indiretamente, a chamada "família multiespécie", na qual os animais são tidos como membros da família.

Para solucionar essa questão, diversos projetos de lei estão tramitando no Congresso Nacional com a finalidade de aumentar a proteção dos animais não humanos e até alterar seu status de objeto para sujeitos de direito despersonificados (MARQUES, 2020).

Caso sejam reconhecidos como sujeitos de direito despersonificados, os animais passarão a integrar uma categoria intermediária entre pessoas e coisas; mas, aos olhos da lei, serão titulares de direitos, como, por exemplo, à saúde e ao bem-estar, podendo inclusive reivindicá-los na Justiça representados por seus tutores e tutoras[5].

---

5. Muitos juristas entendem que o animal pode figurar como parte em ações judiciais; porém, esse entendimento não é unânime entre os estudiosos do Direito e na jurisprudência dos tribunais.

2.
ANIMAIS TÊM SENTIMENTOS?

O reconhecimento de que animais são sencientes, ou seja, têm sentimentos, é o ponto principal na discussão sobre sua proteção. Por isso, é muito importante para formulação e aplicação de leis falar sobre a senciência nos animais.

A senciência tem comprovação científica. Mejdell *et al.* (2016) conduziram uma pesquisa em que ensinaram 23 cavalos domésticos a usarem símbolos para expressar suas preferências sobre o uso de cobertores. No decorrer de duas semanas, foram mostradas aos animais placas de madeira com desenhos de símbolos que significavam manter o cobertor, retirar o cobertor ou colocar o cobertor. A pesquisa concluiu que todos os 23 cavalos, com velocidades de aprendizagem diferentes, aprenderam a usar os símbolos para se comunicar, associando cada um deles à sua própria percepção de bem-estar (calor, frio etc.). O experimento foi fotografado e gravado em vídeo, que está disponível no YouTube[6].

Mais recentemente, em 2021, uma pesquisa do Instituto de Psicologia da Universidade de São Paulo (ALBUQUERQUE *et al.*, 2022) demonstrou que cachorros são capazes de reconhecer e interpretar emoções humanas. A pesquisa, realizada em parceria com a Universidade de Lincoln, no Reino Unido, envolveu 90 cães e identificou que eles não apenas conseguem ler

6. Vídeo disponível em https://www.youtube.com/watch?v=dnZhQEASngw. Acesso em 09/10/2022.

as emoções humanas, como também tomam decisões com base nelas.

No experimento, os cães foram colocados, um por vez, em uma sala onde duas atrizes interagiam simulando expressões neutras, positivas (alegria) e negativas (raiva). Depois, as atrizes se sentavam simulando expressões neutras e seguravam potes de ração em uma das mãos e uma folha de papel em outra. O experimento revelou que os cachorros buscavam pedir ração à atriz que, durante a interação, demonstrou expressões positivas. Isso significa que os cachorros sabem ler o comportamento humano e que fazem escolhas com base nessa leitura. É possível conferir as fotos do experimento no Jornal da USP[7].

7. O Jornal da USP fez uma reportagem sobre a pesquisa e sua publicação em uma prestigiada revista científica internacional. Disponível em: https://jornal.usp.br/ciencias/seu-cao-reconhece-suas-emocoes-e-toma-decisoes-a-partir-disso-mostra-estudo-da-usp/. Acesso em 09/10/2022.

Muitas pesquisas já comprovaram a senciência em animais vertebrados, que possuem sistema nervoso central, cuja existência confere ao animal a capacidade de organizar comportamentos a partir de estímulos externos (GRINDE, 2013); mas as pesquisas também avançam no estudo da senciência em animais invertebrados, como os polvos (SMITH, 1991; MARSHALL, 2021).

A comprovação científica da senciência é de fundamental importância para conscientizar a sociedade e desconstruir noções enraizadas ao longo de séculos e que podem estar por trás da visão dos animais como objeto.

Na literatura, nos contos de fada, nas estórias infantis e em filmes, é comum que certas espécies sejam frequentemente associadas a um contexto negativo, como serpentes, morcegos, ratos e tubarões. Isso talvez explique por que nos preocupamos mais com os animais que achamos "fofos" e estão mais perto de nós, como cães e gatos; mas todos esses animais são sencientes e recebem, da nossa Constituição e da lei brasileira, proteção contra maus-tratos. Chama-se "especismo" a prática de discriminar um animal em função de sua espécie. Por isso, "fofos" ou "não fofos", todos os animais devem ser protegidos.

3.

Animais silvestres podem ser pets?

Seria estranho se, no país com a maior biodiversidade do planeta, humanos não interagissem com animais silvestres. Papagaios, jabutis, corujas, cobras, macacos e até onças são comumente tratados como pet nos mais diversos cantos do Brasil. Quem nunca ouviu falar da simpatia de se colocar uma tartaruga embaixo da cama para curar bronquite e quem nunca conheceu alguém que tem um papagaio há anos? Segundo Calandrini (2021) a cultura do "silvestre-pet" pode ter tido origem nos idos de 1500, quando portugueses, indígenas e escravizados teriam mantido o costume de ter animais silvestres domesticados como companhia.

Uma pesquisa da ONG World Animal Protection (2019) revelou que "26% dos donos de animais silvestres criados como bichos de estimação no Brasil desconhecem que seus pets são de espécies não domésticas". Esclarecer a diferença entre animais domésticos e silvestres é importante para o bem-estar deles e para que a sociedade esteja corretamente informada.

Animais domésticos são espécies que convivem com humanos há muitas gerações e estão adaptadas a esse convívio inclusive fenotipicamente e genotipicamente (nos genes) há milhares de anos, como os cães, que descendem dos lobos. Já os animais silvestres, além de desempenharem um papel importante nos ecossistemas de que são parte, não estão adaptados ao convívio humano como os domésticos e, ainda que estejam amansados e vivendo dentro de casas, longe da natureza, continuam sendo silvestres (WORLD ANIMAL PROTECTION, 2019).

Manter um animal silvestre sem as devidas autorizações dos órgãos competentes pode configurar crime e infração ambientais (BRASIL, 1998). Além disso, por estarem privados de exercer seu comportamento natural em cativeiro, animais silvestres podem sofrer estresse, desenvolver agressividade e outras situações prejudiciais à sua saúde (WORLD ANIMAL PROTECTION, 2019).

Por outro lado, é importante lembrar que a comercialização de certas espécies de animais silvestres é uma atividade autorizada pela legislação brasileira e grande parte desse mercado está voltado à venda de passeriformes (pássaros). Segundo dados levantados pela ONG World Animal Protection (2019), o Sisfauna do Ibama registrava, em 2019, 246 criadores comerciais de pássaros, que reproduziam e comercializavam 285 espécies de aves silvestres nativas brasileiras.

Caso um tutor ou tutora opte por ter um animal silvestre como pet, é importante, além de buscar informações sobre todos os cuidados que a espécie requer, buscar adquiri-lo em um criador legalizado, que fornecerá nota fiscal do animal e sua anilha de identificação. Sem isso, não há como comprovar a regularidade da origem do animal e o tutor ou tutora poderão se deparar com autuações e indiciamento das autoridades por infração e crime ambiental (BRASIL, 1998).

No entanto, há situações que são delicadas envolvendo a posse de animais que não foram adquiridos em criadores legalizados, como papagaios, tão comuns no Brasil, que muitas vezes estão na família há décadas sem nenhum tipo de preocupação com a sua origem.

É possível que, se não foi adquirido em um criador legalizado, esse papagaio tenha sido, lá no passado, objeto de tráfico de animais silvestres. Só no Estado de São Paulo, 120 mil animais silvestres, objeto do tráfico, são apreendidos por ano (CALANDRINI, 2021). Por isso, é preciso muita atenção para adquirir animais somente de criadores legalizados e não fomentar o comércio ilegal de animais, que os colocam em risco e os submetem a maus-tratos.

Casos envolvendo a posse de papagaios são corriqueiros. Em princípio, não há, na legislação, nenhum dispositivo que permita a sua "regularização" porque, como já explicado, se o animal não possui nota fiscal e anilha, a regularidade da sua origem não pode ser comprovada e existe muita polêmica envolvida nessa tentativa de regularização, que poderia ser tida como "perdão" a uma conduta que, pela lei, configuraria infração e crime ambientais. Por isso, não há, até o momento, nenhum procedimento específico com passo a passo para regularização da posse de papagaios.

Em muitas dessas situações, como estão afastados da natureza há muitos anos, os papagaios, embora continuem sendo animais silvestres, já estão adaptados ao lar e aos seus tutores e tutoras e, nessas circunstâncias, não podem ser devolvidos à natureza, onde não sobreviveriam. Nesse contexto, os tribunais, inclusive o STJ, têm entendido que, se houver comprovação de que o animal não sofre maus-tratos e de fato não tem condições de ser reabilitado e devolvido à natureza, o tutor ou tutora pode manter sua posse (BRASIL, 2014; 2016; 2017).

4.
QUAIS SÃO OS PRINCIPAIS DEVERES DOS(AS) TUTORES(AS)?

Em geral, o tutor ou tutora de pet deve zelar pela saúde e bem-estar do animal e se responsabilizar por eventuais danos que eles venham a causar a terceiros. Ter isso em mente já é um importante começo e pode servir de orientação sobre como agir em diversas situações. A seguir, veremos um pouco sobre os principais deveres dos tutores e tutoras previstos na legislação.

Ressarcir danos causados pelo seu animal

Tutores(as) devem indenizar prejuízos que seus animais causem a outras pessoas, ainda que de forma não intencional. Essa obrigação está prevista no Código Civil (BRASIL, 2002).

Por exemplo: se, ao caminhar na rua ou dentro de algum estabelecimento que permita a entrada de animais, o pet morder alguém, seu tutor ou tutora deverá prestar auxílio à pessoa, especialmente se ela vier a necessitar de algum curativo, além de ressarcir seus prejuízos, como roupas e objetos rasgados. Essa obrigação apenas não será exigida se houver culpa exclusiva da vítima (se, por exemplo, a pessoa mordida tiver instigado o animal ou batido nele) ou se tiver havido força maior (como algum evento excepcional que possa assustar o animal e resultar na reação da mordida).

Conduzir o animal com coleira e guia

O uso de guia para transitar com animais em espaços públicos é obrigatório em muitas cidades. Para saber se existe essa obrigação na cidade onde você mora, você pode consultar o Centro de Zoonoses. Na cidade de São Paulo, por exemplo, essa obrigação existe desde 2001 para cães e gatos (SÃO PAULO, 2001).

A coleira e a guia devem ser de tamanho adequado ao porte do animal e o seu condutor ou condutora deve ter força física suficiente para controlá-lo. Essa medida é importante não só para evitar incidentes, como para a segurança do próprio animal, que pode sair correndo por qualquer razão. Essa regra se aplica a logradouros públicos, incluindo praças e parques. O seu descumprimento pode resultar em multa (SÃO PAULO, 2001).

Se na sua cidade não houver nenhuma lei ou obrigatoriedade nesse sentido, ainda assim, o seu uso é recomendável. Como visto na seção anterior, o(a) tutor(a) é responsável pelos prejuízos que seu animal causar e, se conduzido com coleira e guia, as chances de algum prejuízo desses acontecer diminuem bastante.

Uso de focinheira

Em muitos estados, o uso de focinheira em logradouros públicos é obrigatório para algumas raças. Em São Paulo, devem, obrigatoriamente, circular com focinheira cães das raças pit bull, rottweiler e mastim napolitano, entre outras (2003). Estados como Rio de Janeiro, Pernambuco, Minas Gerais, Rio Grande do Norte e Santa Catarina possuem regras semelhantes. Por isso, informe-se sobre a obrigatoriedade do uso da focinheira no seu estado pelos veículos de comunicação oficiais ou no centro de zoonoses.

O descumprimento dessa regra, onde ela houver, pode resultar em multa.

Alguns tutores(as) se chateiam com essa exigência, especialmente quando seu pet tem temperamento calmo e sociável. Porém, essa obrigatoriedade não está relacionada com o comportamento do animal, mas com a potência da sua mandíbula. A mordida de cães dessas raças pode machucar bastante porque eles têm muita força. Por isso, é importante entender essa regra como uma medida de segurança para o próprio animal e as pessoas em volta.

Se na sua região o uso da focinheira for obrigatório e seu pet não a estiver usando, a responsabilização pelos prejuízos causados a terceiros pode ser mais rigorosa porque a lei foi descumprida.

Muitos animais não reagem bem à focinheira, por isso lembre-se de acostumá-los com o equipamento antes de usá-lo "pra valer". Um(a) adestrador(a) ou terapeuta canino pode ajudá-lo(a) com isso.

Vacinação

A vacinação e revacinação contra raiva é obrigatória em muitas cidades. Para saber se a vacina contra raiva é exigida onde você mora, busque informações no centro de zoonoses. Na cidade de São Paulo, a obrigatoriedade existe por lei desde 2001 (SÃO PAULO, 2001).

Por ser obrigatória e também por ser uma medida de saúde pública, que previne a transmissão de zoonoses, ou seja, doenças transmitidas de animais não humanos para humanos, a vacina contra raiva é, em geral, oferecida gratuitamente.

A revacinação anual também.

A comprovação da vacinação se dá por meio da carteira de vacina do pet, na qual devem constar a identificação do(a) tutor(a) (nome, RG e endereço), identificação do animal, incluindo nome, espécie, raça, pelagem, sexo, nascimento ou idade; os dados da vacina, como identificação do laboratório, data de fabricação e data de validade; e identificação do(a) médico(a) veterinário(a) com seu número de inscrição no CRMV.

Embora a obrigatoriedade se aplique somente à vacinação contra a raiva, que é gratuita na maioria dos lugares, lembre-se de que há muitas outras vacinas importantes que podem contribuir para a saúde e bem-estar do seu pet. Se for possível para você, converse com o(a) médico(a) veterinário(a) do seu pet sobre o assunto.

Saúde e bem-estar

Os pets devem ser mantidos em condições adequadas de alojamento, alimentação, saúde, higiene e bem-estar. Não há legislação que detalhe item por item o que se considera alojamento adequado ou boa alimentação, mas podemos afirmar que você não precisa comprar a ração mais cara do petshop para cumprir essa regra. O importante é usar o bom senso e prover ao seu pet aquilo que ele precisa de acordo com suas condições financeiras.

Um bom parâmetro para saber como promover a saúde e o bem-estar do seu pet são as Cinco Liberdades Animais. Elas são um critério para aferição de bem-estar animal que surgiu no Reino Unido, em 1979, no *Farm Animal Welfare Council* que, por sua vez, foi criado após a publicação do livro *Animal Machines*, de Rachel Carson, em 1965 (no livro, a autora denunciou as péssimas condições dos animais de produção, destinados a abate, naquele país).

As cinco liberdades estão sintetizadas no quadro abaixo, a partir de definições do CFMV (CONSELHO FEDERAL DE MEDICINA VETERINÁRIA, 2018a).

Liberdade nutricional	Acesso do animal a comida e água em quantidade, qualidade e frequência adequadas. Dietas inadequadas que levem a desequilíbrio nutricional são consideradas violação à liberdade nutricional.
Liberdade de dor e doença	Qualidade da saúde física, inclusive na prevenção a zoonoses e vacinação. Animais obesos, desnutridos ou desidratados representam violação à liberdade de dor e doença.
Liberdade de desconforto	Abrigo em ambiente com temperatura e superfícies confortáveis para a espécie. Animais em recintos pequenos, como gaiolas, representam violação à liberdade de desconforto.

Liberdade para expressar o comportamento natural	Ambiente que não impeça o animal de exercer o comportamento natural da espécie, como, por exemplo, viveiros com medidas e densidade populacional adequadas para que o animal nade, voe ou corra, conforme característica da espécie. Animais que não tenham estímulos para exercer o seu comportamento natural representam violação à liberdade para expressar seu comportamento natural.
Liberdade de medo e estresse	Ausência de sentimentos negativos, que provoquem sofrimento. Um animal que vive encarcerado em ambiente inadequado e possa desenvolver estresse crônico representa violação à liberdade de medo e estresse.

Fonte: CONSELHO FEDERAL DE MEDICINA VETERINÁRIA, 2018a.

Identificação do animal

Mais do que ser uma medida de segurança para localização do pet em caso de fugas e sumiços, a identificação do animal é obrigatória em alguns locais. Vale a pena consultar o centro de zoonoses da sua cidade sobre isso.

Em São Paulo, a identificação do pet cão ou gato é exigida desde 2001 (SÃO PAULO, 2001) por meio do Registro Geral do Animal, o RGA. Ele funciona como se fosse um "chip" analógico, ou seja, o animal recebe um número de identificação associado a um banco de dados em que contam a identificação e endereço do(a) tutor(a) e informações sobre o pet (raça, sexo, cor, idade real ou presumida).

Em São Paulo, a emissão do RGA é de atribuição do Centro de Zoonoses e, atualmente, pode ser solicitada pela internet, pelo site[8] da prefeitura. O tutor ou tutora receberão a carteira de identidade do pet e uma plaqueta de identificação com o número do RGA, que deve ser mantida na coleira.

* * *

Por tudo isso, lembre-se: perante a lei, você é responsável pelo seu pet, tanto pela sua saúde, segurança e bem-estar quanto pelas consequências do seu comportamento.

Algumas dicas que podem ajudar a minimizar as chances de passar por situações desagradáveis com seu pet e que podem levar à sua responsabilização se ele, porventura, vier a morder ou avançar sobre alguém:

---

8. www.prefeitura.sp.gov.br

- se o seu pet é reativo, é importante buscar ajuda de um adestrador ou terapeuta canino para torná-lo mais sociável e evitar situações que podem ser frustrantes e estressantes para o tutor ou tutora, terceiros e, principalmente, para o próprio animal;

- se seu pet não gosta de ser tocado por estranhos, não permita. Afinal, animais não são brinquedos nem objetos para serem manipulados. Normalmente, quem tem boas maneiras pergunta ao tutor ou tutora se pode tocar o animal antes de fazê-lo, mas nem sempre isso acontece, especialmente com crianças. Por isso, esteja sempre atento(a) e mantenha o animal sempre na guia;

- evite levar seu pet a lugares que podem estressá-lo. Se for necessário, redobre a atenção à sua volta e mantenha o animal sempre na guia;

- ao circular pelas ruas e outros espaços públicos com seu pet, não se esqueça de levar consigo algo para recolher os dejetos e os descarte corretamente (obrigatório por lei em muitas cidades). Consulte um(a) médico(a) veterinário(a) sobre boas práticas para hidratação e proteção contra sol e calor na hora do passeio com o seu pet.

5.
QUAIS SÃO OS PRINCIPAIS "DIREITOS DOS ANIMAIS"?

Como já falado no capítulo 1, perante a lei civil, os animais ainda são considerados objeto e, por isso, não têm direitos. No entanto, a relação da sociedade com seus pets vem mudando e requer atualização legislativa para melhor tutelar as relações entre animais humanos e não humanos na atualidade.

Porém, se animais não têm direitos previstos na legislação, de onde vem essa expressão "direito dos animais"?

A expressão "direito dos animais" diz respeito a um movimento ativista que busca proteger os animais não humanos de práticas cruéis e de maus-tratos, de forma a garantir a sua proteção (RIBEIRO, 2020). Quando a legislação for alterada para reconhecer os animais como sujeitos de direito, a expressão passará também a designar um conjunto de direitos efetivamente atribuídos a eles. Há projetos de lei em trâmite no Congresso Nacional (BRASIL, 2018; 2019a) que pretendem instituir os seguintes direitos:

- garantia à água limpa;
- alimentação balanceada;
- exercício físico, acompanhamento médico-veterinário e provimento de medicamentos;
- condições adequadas para transporte; e
- manutenção em local seguro e

adequado, com abrigo contra sol, chuva, vento, calor e frio.

Vale lembrar que, independentemente dos projetos de lei que visam instituir direitos subjetivos aos animais e ainda não foram aprovados pelo Congresso Nacional, eles já possuem garantia constitucional e legal contra tratamento cruel e maus-tratos (BRASIL, 1988; 1988). Nesse contexto, está implícito que os animais devem ser bem alimentados, receber tratamento médico-veterinário e tratamento de saúde e estar abrigados em local adequado, dentre muitos outros "direitos". As Cinco Liberdades Animais mencionadas no capítulo 4 são um excelente parâmetro não apenas de como os tutores e tutoras devem agir, mas também do tratamento que os animais merecem receber e podem servir de base para aprimoramento das propostas que visam instituir os direitos dos animais em trâmite no Congresso Nacional.

Além disso, enquanto a alteração legislativa não vem, a jurisprudência dos tribunais já reconhece pontualmente alguns direitos, como sua proteção contra tratamento cruel e maus-tratos e o de convivência com a família multiespécie, já mencionados no capítulo 1.

Outras expressões relacionadas ao tema são "direito animal" e "direitos animais". A expressão "direito animal" é a tradução do termo inglês *Animal Law* e concerne ao ramo autônomo do direito positivo, derivado do direito ambiental, que trata da relação entre seres humanos e animais não humanos; e a expressão "direitos animais" tem origem na expressão inglesa *Animal Rights*, frequentemente relacionada à Declaração Universal dos Direitos dos Animais, estabelecida na Bélgica, em 1978, e que busca atribuir direitos subjetivos a animais não humanos (SANTANA; OLIVEIRA, 2019).

6.
O QUE O CONDOMÍNIO PODE EXIGIR SOBRE ANIMAIS?

Dúvidas sobre a presença de animais em condomínios são frequentes. Em geral, a legislação e a Justiça tratam o tema tendo em vista o equilíbrio entre os direitos dos(as) tutores(as) e da vizinhança.

Manutenção de animais dentro dos apartamentos

Em geral, a criação ou permanência de animais dentro de unidades condominiais ou apartamentos não pode ser impedida nem restringida pelos condomínios, ainda que eventual proibição conste da Convenção de Condomínio (nessas hipóteses, a Convenção de Condomínio pode ter sua validade questionada e ser revista).

A lógica que se aplica nesses casos é aquela do direito de propriedade tradicional: o condômino ou morador pode ter dentro de seu apartamento tantos animais quanto quiser, já que lhe é garantido, como proprietário ou locatário, o direito de usufruir do apartamento (SÃO PAULO, 2009; 2010; 2011). Esse direito, porém, não é absoluto, como não é nenhum direito em nossa Constituição. Quando se diz que um direito não é absoluto, quer se dizer com isso que não há um direito superior a outro e que sua interpretação e aplicação deve buscar harmonizá-los.

Por isso, o direito de propriedade não se sobrepõe ao chamado direito de vizinhança e a manutenção de animais em apartamentos pode ser restringida ou até impedida em algumas situações excepcionais: quando houver perturbação do sossego, risco à saúde e/ou à segurança dos demais moradores (BRASIL, 2020; BRASIL, 2019b).

Situações que envolvem perturbação do sossego compreendem, por exemplo, um cão latindo de forma constante e frequente, de forma a atrapalhar o sossego dos outros moradores. O conceito de sossego tem certo grau de subjetividade, mas em geral não se consideram latidos pontuais como um transtorno. É comum e compreensível – e, portanto, tolerável – que um cão venha a latir quando chega uma visita ou estranho. Por outro lado, um animal que passe o dia chorando porque é sistematicamente deixado sozinho, pode efetivamente colocar em xeque o sossego dos vizinhos. Ainda assim, a determinação para remoção do animal é uma medida extrema, de último caso. Tem sido comum a Justiça estabelecer ao tutor ou tutora a obrigação de adestrar o animal para que se torne mais sociável ou adaptado a passar mais tempo sozinho (SÃO PAULO, 2018).

O risco à saúde dos vizinhos pode ser identificado em casos de animais doentes e/ou não vacinados, que possam transmitir zoonoses ou provocar infestação de pulgas e carrapatos. Acumuladores de animais também podem representar risco à saúde dos demais moradores porque, em geral, os animais não estão em boas condições de saúde e higiene. O tema da higiene também é muito importante por conta da possibilidade de transmissão de doenças. Assim, ainda que o apartamento tenha somente um animal, sua permanência pode ser questionada se não houver a higiene adequada para evitar odores e a transmissão de doenças por razões sanitárias (SÃO PAULO, 2014b; 2014c). Nesse sentido, o condomínio pode exigir a apresentação de carteira de vacinação do animal com as vacinas obrigatórias e até o uso de antipulgas.

Um exemplo de risco à segurança de vizinhos em condomínios que pode levar à proibição de manter o animal no apartamento diz respeito a animais potencialmente ofensivos, de comportamento bravio, que apresentem ameaça à integridade física dos outros moradores. O risco passa a inexistir ou ser muito reduzido se o animal utilizar equipamentos de segurança, como focinheiras e guias (SÃO PAULO, 2014b; 2014c). Vale lembrar que cães de algumas raças devem usar focinheira obrigatoriamente, conforme legislação municipal, não por conta do seu comportamento, mas por conta da potência da sua mandíbula. Cães que são mansos, mas possuem muita força na mordida, podem provocar acidentes e machucar alguém, ainda que só estejam brincando.

Se não houver nenhuma dessas três situações excepcionais, que podem colocar em risco o sossego, saúde e segurança dos vizinhos, não há base legal para se questionar a presença do(s) animal(is).

Número de animais no apartamento

Na cidade de São Paulo, o número de animais dentro de residências é, por lei, limitado a 10 cães e gatos (SÃO PAULO, 2001), por razões de controle sanitário. Número superior pode configurar um canil ou gatil, que vai demandar autorizações específicas do Poder Público.

Também é importante levar sempre em consideração o bom senso, que é uma regra jurídica relacionada ao *Princípio da Razoabilidade* e que é frequentemente aplicado pelos tribunais. Dessa forma, o número de animais em um apartamento deve ser adequado ao seu tamanho e condições de higiene, conforto e segurança para o próprio animal.

O condomínio pode disciplinar o número de animais no apartamento com a finalidade de assegurar o sossego, a saúde e a segurança dos demais moradores. Em alguns casos, a Justiça chegou a determinar que tutores reduzissem o número de pets dentro de casa, justamente porque não havia condições de higiene adequadas que poderiam aumentar os riscos de zoonoses e colocar em perigo a saúde dos vizinhos (SÃO PAULO, 2014b; 2014c).

Circulação de animais em áreas comuns

Há condomínios que impedem que o animal circule nas áreas comuns, o que pode ser permitido em função do sossego, saúde e segurança dos demais moradores. Todavia, o condomínio não deve restringir a passagem do(a) tutor(a) e seu pet até a rua, obrigando que o animal seja carregado no colo. Situações como essa podem ser constrangedoras e vexatórias e, portanto, não são permitidas (SÃO PAULO, 2014b).

7.

Como transportar animais em carros particulares? E em transporte público?

As restrições que a lei impõe ao transporte de animais têm por finalidade garantir a segurança de motoristas, passageiros, pedestres e dos próprios animais. Por isso, é importante estar atento(a) a elas, não apenas para evitar multas, mas também pela segurança de todos(as).

Transporte no carro

O Código Brasileiro de Trânsito proíbe que o condutor do veículo transporte animais à sua esquerda ou entre os braços e pernas e que eles sejam transportados nas partes externas do carro (BRASIL, 1997b).

O transporte de animais em veículos particulares é permitido, desde que de forma adequada. É necessário que o animal não tenha acesso à parte dianteira do veículo, para evitar que ele atrapalhe a condução do motorista e provoque acidentes. Existem diversas opções para transportar o animal em segurança no banco traseiro, como caixas e bolsas de transporte e cintos de segurança adaptados para coleiras.

Para transporte em carros de aplicativo, não há regras específicas; porém, em princípio, aplicam-se as mesmas exigências estabelecidas pelo Código Brasileiro de Trânsito para veículos particulares.

Lembre-se: jamais deixe seu pet sozinho no carro, especialmente sob condições de tempo adversas e com pouca ou nenhuma ventilação. Essa conduta pode configurar maus-tratos.

Transporte público

Seu estado e sua cidade podem ter regras específicas para o transporte de animais no transporte público. Em geral, essas regras podem ser acessadas nos sites das secretarias de transporte. É importante conferi-las e estar atento aos seus direitos e deveres quando precisar transportar o seu pet.

No estado de São Paulo, o transporte de animais de pequeno porte, com até 10 kg, é permitido em trens, metrôs, VLT e ônibus intermunicipais fora dos horários de pico, que ocorrem em dias úteis na parte da manhã, das 6h às 10h, e no período das 16h às 19h. Casos em que o(a) tutor(a) precise circular com o animal em horários de pico por conta de procedimentos médico-veterinários são exceção à regra e, para transporte, o tutor ou tutora deverá apresentar uma declaração do veterinário. Em todos os casos, o animal deve estar em caixa de transporte ou similar (SÃO PAULO, 2019a).

Nos ônibus municipais da capital, as regras são similares às do estado (SÃO PAULO, 2015). Vale observar que o transporte em patinetes é proibido (SÃO PAULO, 2019b).

Cães-guia de pessoas portadoras de deficiência visual têm acesso garantido ao transporte público em todo país (BRASIL, 2005).

8. O QUE SÃO MAUS-TRATOS E COMO DENUNCIAR?

A conduta de maus-tratos é crime tipificado na Lei de Crimes e Infrações Ambientais (BRASIL, 1998). A pena vai de 3 meses a 1 ano de detenção e multa. Caso os maus-tratos sejam praticados contra cães e gatos, a pena passa a reclusão[9] de 2 a 5 anos, multa e proibição da guarda.

---

9. A diferença entre as penas de detenção e reclusão é o seu grau de severidade. Na pena de detenção, o condenado inicia o cumprimento da pena em regime aberto ou semiaberto e, na reclusão, o cumprimento da pena se inicia obrigatoriamente em regime fechado.

É contraintuitivo, mas os animais não são considerados vítimas do crime de maus-tratos perante a lei. Isso ocorre porque ainda são classificados como objeto, como visto no capítulo 1. Quando houver atualização legislativa para torná-los sujeitos de direito, poderão ser, finalmente, considerados vítimas. Enquanto isso não acontece, a vítima do crime de maus-tratos, perante a lei, é a sociedade.

A legislação não define claramente o que configura maus-tratos. O texto usa os termos "ato de abuso", "ferir" e "mutilar", que são abrangentes. Do ponto de vista jurídico, conceitos abrangentes não trazem segurança jurídica porque permitem um grau maior de subjetividade, ou seja, uma conduta pode ou não configurar maus-tratos a depender do entendimento das autoridades.

Infelizmente, apenas uma alteração legislativa que traga uma definição mais objetiva do que constitui maus-tratos pode mudar a situação e deixar menos margem para a subjetividade.

Em 2018, o CFMV (CONSELHO FEDERAL DE MEDICINA VETERINÁRIA, 2018b) editou uma resolução[10] que tem uma lista com quase 30 práticas que são consideradas maus-tratos. Embora uma resolução, que é um ato administrativo e infralegal, não tenha "peso" de lei, essas definições podem servir de parâmetro.

Dentre as condutas listadas pelo CFMV (2018b), estão as seguintes:

- agredir fisicamente ou agir para causar dor, sofrimento ou dano ao animal;
- abandonar animais;

10. Resoluções são atos normativos editados por órgãos públicos e entidades de classe, como o CFMV. Não possuem "peso" de lei, pois não foram criadas a partir do processo legislativo, por meio de representantes eleitos.

- deixar o(a) tutor(a) ou responsável de buscar assistência médico-veterinária ou zootécnica quando necessária;

- manter animal sem acesso adequado a água, alimentação e temperatura compatíveis com as suas necessidades e em local desprovido de ventilação e luminosidade adequadas, exceto por recomendação de médico(a)-veterinário(a) ou zootecnista;

- manter animais em número acima da capacidade de provimento de cuidados para assegurar boas condições de saúde e de bem-estar animal, exceto nas situações transitórias de transporte e comercialização;

- manter animal em local desprovido das condições mínimas de higiene e asseio;

- impedir a movimentação ou o descanso de animais;

- induzir a morte de animal utilizando método não aprovado ou não recomendado pelos órgãos ou entidades oficiais e sem profissional devidamente habilitado;

- estimular, manter, criar, incentivar, utilizar animais da mesma espécie ou de espécies diferentes em lutas; e

- estimular, manter, criar, incentivar, adestrar, utilizar animais para a prática de abuso sexual.

Em geral, as entrevistas para adoção responsável buscam identificar diversos elementos para evitar muitas dessas condutas. Por exemplo: perguntas relacionadas à capacidade financeira do(a) adotante visam constatar se existem condições para arcar com os custos relacionados à saúde do pet, que são muitos (ração, vacinas, castração, antipulgas etc.) e perguntas sobre o que levou o(a) adotante a querer um pet buscam checar se a decisão foi tomada por impulso e se há risco do animal ser abandonado.

Além de saber o que pode ser considerado maus-tratos, também é importante saber como denunciar essas práticas. Você pode procurar uma delegacia para registrar sua denúncia presencialmente ou on-line ou usar os telefones de denúncia disponíveis na sua cidade ou estado. Em São Paulo, por exemplo, existe a Delegacia Eletrônica de Proteção Animal – DEPA[11], exclusiva para denúncias de crimes contra animais.

Buscar o auxílio das autoridades pode ser frustrante e requer muita paciência,

11. Disponível em: https://www.webdenuncia.org.br/depa

mas é o caminho mais seguro para quem quer direcionar uma denúncia de maus-tratos contra animais.

Nas redes sociais, é comum circularem comentários incentivando protetores a entrarem sem autorização em casas onde se entende que um animal possa estar sofrendo maus-tratos para resgatá-lo, sob o argumento de que qualquer pessoa pode adentrar um local onde esteja ocorrendo um flagrante delito. Porém, é preciso tomar cuidado para não agir contra as regras que protegem a residência das pessoas e outras limitações legais. Por isso, a opção mais recomendada é buscar auxílio das autoridades.

Referências

ALBUQUERQUE, N., MILLS, D.S., GUO, K. et al. **Dogs can infer implicit information from human emotional expressions**. Animal Cognition, 25, 231–240 (2022). https://doi.org/10.1007/s10071-021-01544-x

BRASIL. Constituição da República Federativa do Brasil. **Diário Oficial da União**: seção 1, Brasília, ano 126, n.º 191-A, p. 1-32, 5 out. 1988.

BRASIL. Lei n.º 9.503, de 23 de setembro de 1997b. Institui o Código Brasileiro de Trânsito. **Coleção das Leis da República Federativa do Brasil:** Brasília, v. XXX, n.º X, p. XXX, XXX. 1997.

BRASIL. Lei n.º 9.605, de 12 de fevereiro de 1998. Dispõe sobre as sanções penais e administrativas derivadas de condutas e atividades lesivas ao meio ambiente, e dá outras providências. **Coleção das Leis da República Federativa do Brasil**: Brasília, v. 190, n.º 2, p. 630-652, fev. 1998.

BRASIL. Lei n.º 11.126, de 27 de junho de 2005. Dispõe sobre o direito do portador de deficiência visual de ingressar e permanecer em ambientes de uso coletivo acompanhado de cão-guia. **Coleção das Leis da República Federativa do Brasil**: Brasília, v. XXX, n.º X, p. XXX, fev. 2005.

BRASIL. Lei n.º 11.794, de 8 de outubro de 2008. Regulamenta o inciso VII do §1º do art. 225 da Constituição Federal, estabelecendo procedimentos para o uso científico de animais. **Diário Oficial da União**: seção 1, Brasília, ano 145, n.º 196, p. 1-2, 9 out. 2008.

BRASIL. Senado Federal. **Projeto de Lei da Câmara n.º 27, de 2018.** Acrescenta dispositivo à Lei n.º 9.605, de 12 de fevereiro de 1998, para dispor sobre a natureza jurídica dos animais não humanos. Brasília: Senado Federal, 2018. Disponível em: https://www25.senado.leg.br/web/atividade/materias/-/materia/133167. Acesso em: 29 jan. 2022.

BRASIL. Senado Federal. **Projeto de Lei n.º 6590, de 2019.** Estabelece normas e diretrizes relativas à cadeia produtiva de animais de estimação, define o conceito de animais de estimação e dá outras providências. Brasília: Senado Federal, 2019a. Disponível em: https://www25.senado.leg.br/web/atividade/materias/-/materia/140348. Acesso em: 13 out. 2022.

BRASIL. Superior Tribunal de Justiça (1. Turma). **Agravo Regimental no Recurso Especial.** Administrativo. Ambiental. Mandado de Segurança preventivo. Apreensão de papagaios. Ambiente doméstico. Posse por mais de dez anos. Inexistência de maus-tratos. Aplicação do Princípio da Razoabilidade. Relator: Min. Sérgio Kukina, 19 de dezembro de 2014. Disponível em: https://processo.stj.jus.br/processo/pesquisa/?src=1.1.3&aplicacao=processos.ea&tipoPesquisa=tipoPesquisaGenerica&num_registro=201401309146. Acesso em: 12 out. 2022.

BRASIL. Superior Tribunal de Justiça (2. Turma). **Recurso Especial 1540740/AL.** Administrativo. Ambiental. Processual Civil. Animal silvestre em cativeiro há mais de 15 anos. Papagaio. Falta de omissão, art. 535, II do CPC. Ausência de alegação do dispositivo da lei federal violado. Súmula 284/STF. Relator: Min. Herman Benjamin, 25 de maio de 2016. Disponível em: https://processo.stj.jus.br/processo/pesquisa/?src=1.1.3&aplicacao=proces-

sos.ea&tipoPesquisa=tipoPesquisaGenerica&num_registro=201501563919. Acesso em: 12 out. 2022.

BRASIL. Superior Tribunal de Justiça (1. Turma). **Agravo Interno no Agravo em Recurso Especial 668359/RS.** Processo civil e administrativo. Agravo Interno no Agravo em Recurso Especial. Ambiental. Guarda doméstica de papagaios. Animais adaptados ao convívio doméstico. Possibilidade de manutenção da posse. Agravo Interno do Ibama desprovido. Relator: Min. Napoleão Nunes, 5 de dezembro de 2017. Disponível em: https://processo.stj.jus.br/processo/pesquisa/?src=1.1.3&aplicacao=processos.ea&tipoPesquisa=tipoPesquisaGenerica&num_registro=201802299359. Acesso em: 12 out. 2022.

BRASIL. Superior Tribunal de Justiça (3. Turma). **Recurso Especial 1783076/DF.** Recurso Especial. Condomínio. Animais.

Convenção. Regimento interno. Proibição. Flexibilização. Possibilidade. Relator: Min. Ricardo Villas Bôas Cueva, 14 de maio de 2019b. Disponível em: https://processo.stj.jus.br/webstj/Processo/justica/jurisprudencia.asp?valor=201802299359. Acesso em: 11 out. 2022.

BRASIL. Superior Tribunal de Justiça (3. Turma). **Agravo Interno no Recurso Especial 1631586/DF**. Condomínio. Proibição de animais domésticos. Flexibilização. Peculiaridades do caso concreto. Interpretação de dispositivos da convenção condominial. Modificação do acórdão recorrido. Impossibilidade. Súmulas 5 e 7 do STJ. Relator: Min. Marco Aurélio Bellizze, 4 de maio de 2020. Disponível em: https://processo.stj.jus.br/processo/pesquisa/?src=1.1.3&aplicacao=processos.ea&tipoPesquisa=tipoPesquisaGenerica&num_registro=201602673619. Acesso em: 11 out. 2022.

BRASIL. Supremo Tribunal Federal (2. Turma). **Recurso Extraordinário 153531/SC**. Costume. Manifestação cultural. Estímulo. Razoabilidade. Preservação da fauna e da flora. Animais. Crueldade. A obrigação de o Estado garantir a todos o pleno exercício de direitos culturais, incentivando a valorização e a difusão das manifestações, não prescinde da observância da norma do inciso VII do artigo 225 da Constituição Federal, no que veda prática que acabe por submeter os animais à crueldade. Procedimento discrepante da norma constitucional denominado "farra do boi". Relator: Min. Nelson Jobim, 3 de junho de 1997. Disponível em: https://redir.stf.jus.br/paginadorpub/paginador.jsp?docTP=AC&docID=211500. Acesso em: 29 jan. 2022.

BRASIL. Supremo Tribunal Federal (Pleno). **Ação Direta de Inconstitucionalidade 350**. [...] 2. O art. 204 da Constituição do Estado de São Paulo é norma protecional da fauna silvestre remanescente no território estadual, e, ao proibir a caça, atende às peculiaridades regionais e às diretrizes da Constituição Federal para a defesa e a preservação das espécies animais em risco de extinção. Agiu o constituinte estadual dentro dos limites de sua competência constitucional concorrente para legislar sobre caça, nos termos do art. 24, VI, da Carta Maior [...] 4. Ação direta julgada parcialmente procedente, conferindo-se interpretação conforme à Constituição à expressão "sob qualquer pretexto", esclarecendo-se que não se incluem na vedação estabelecida na norma estadual a destruição para fins de controle e a coleta para fins científicos, as quais estão previstas, respectivamente, nos arts. 3º, § 2º, e 14 da Lei Federal n.º 5.197/1967. Relator: Min. Dias Toffoli, 21 de junho de 2021. Disponível em: https://redir.stf.jus.br/paginadorpub/paginador.

jsp?docTP=TP&docID=757817849. Acesso em: 29 jan. 2022.

BRASIL. Supremo Tribunal Federal (Pleno). **Ação Direta de Inconstitucionalidade 1856**. Ação Direta de Inconstitucionalidade. Briga de galos [...]. A promoção de briga de galos, além de caracterizar prática criminosa tipificada na legislação ambiental, configura conduta atentatória à Constituição da República, que veda a submissão de animais a atos de crueldade, cuja natureza perversa, à semelhança da "farra do boi" (RE 153.531/SC), não permite que sejam eles qualificados como inocente manifestação cultural, de caráter meramente folclórico [...]. Relator: Min. Celso de Mello, 26 de maio de 2011b. Disponível em: https://redir.stf.jus.br/paginadorpub/paginador.jsp?docTP=AC&docID=628634. Acesso em: 29 jan. 2022.

BRASIL. Supremo Tribunal Federal (Pleno). **Ação Direta de Inconstitucionalidade 4983.** [...] A obrigação de o Estado garantir a todos o pleno exercício de direitos culturais, incentivando a valorização e a difusão das manifestações, não prescinde da observância do disposto no inciso VII do artigo 225 da Carta Federal, o qual veda prática que acabe por submeter os animais à crueldade. Discrepa da norma constitucional a denominada vaquejada. Relator: Min. Marco Aurélio, 6 de outubro de 2016. Disponível em: https://redir.stf.jus.br/paginadorpub/paginador.jsp?docTP=TP&docID=12798874. Acesso em: 29 jan. 2022.

BRASIL. Supremo Tribunal Federal (Pleno). **Ação Direta de Inconstitucionalidade 5995**. [...] 2. Lei n.° 7.814, de 15 de dezembro de 2017, do Estado do Rio de Janeiro, que dispõe sobre a proibição, no Estado, da utilização de animais para desenvolvimento, experimento e teste de produtos cosméticos, higiene pessoal, perfumes, limpeza e seus componentes. [...] 4. Usurpação de competência da União. Limitações à comercialização dos produtos derivados dessas atividades no Estado do Rio de Janeiro. Restrição ao mercado interestadual. Alegação de ofensa aos artigos 22, VIII e 24, VI da Constituição Federal [...]. Relator: Min. Gilmar Mendes, 27 de maio de 2021a. Disponível em: https://redir.stf.jus.br/paginadorpub/paginador.jsp?docTP=TP&docID=757819360. Acesso em: 29 jan. 2022.

BRASIL. Supremo Tribunal Federal (Pleno). **Recurso Extraordinário 494601/RS**. [...] 5. A proteção específica dos cultos de religiões de matriz africana é compatível com o princípio da igualdade, uma vez que sua estigmatização, fruto de um preconceito estrutural, está a merecer especial atenção do Estado. 6. Tese fixada: "É constitucional a lei de proteção animal que, a fim de resguardar a liberdade religiosa, permite o sacrifício ritual de animais em cultos de religiões de matriz africana" [...]. Relator: Min. Marco Aurélio, 28 de março de 2019c. Disponível em: https://redir.stf.jus.br/paginadorpub/paginador.jsp?docTP=TP&docID=751390246. Acesso em: 29 jan. 2022.

CALANDRINI, Vitor. Características do Tráfico de Animais no Brasil. In **Tutela dos animais no Direito Ambiental e no Direito Animal**. MARQUES, Letícia Yumi; ZAPATER, Tiago C.V. (org). São Paulo: Letras Jurídicas, 2021, p. 627-653.

CONSELHO FEDERAL DE MEDICINA VETERINÁRIA. Campanha de bem-estar animal. **Conselho Federal de Medicina Veterinária**. Brasília, 11 out. 2018a. Disponível em: https://www.cfmv.gov.br/bem-estar-animal-9/comunicacao/campanhas/bem-estar-animal/2018/10/11/. Acesso em: 27 dez. 2021.

CONSELHO FEDERAL DE MEDICINA VETERINÁRIA. Resolução CFMV n.º 1.236, de 26 de outubro de 2018. Define e caracteriza crueldade, abuso e maus-tratos contra animais vertebrados. **Diário Oficial da União**: seção 1, Brasília, ano 155, n.º 208, p. 133-134, 29 out. 2018b.

FRANCIONE, Gary; GARNER, Robert. **The Animals rights debate: abolition or regulation?** New York: Columbia University Press, 2010.

MARQUES, Letícia Yumi. Pandemia promove reflexão sobre relação entre animais humanos e não humanos. **Consultor Jurídico**. 21 dez. 2020. Disponível em: https://www.conjur.com.br/2020-dez-27/direito-animal-pandemia-promove-reflexao-relacao-entre-humanos-nao-humanos. Acesso em 4 nov. 2022.

MARSHALL, Claire. **Por que a primeira 'fazenda' de polvos do mundo está ge-**

rando polêmica. BBC News Brasil. [*S. l.*], 21 dez. 2021. Disponível em: https://www.bbc.com/portuguese/geral-59739775. Acesso em: 27 dez. 2021.

MEJDELL, Cecile M. *et al.* **Horses can learn to use symbols to communicate their preferences**. Applied Animal Behaviour Science, [*s. l.*], v. 184. p. 66-73, nov. 2016. DOI: https://doi.org/10.1016/j.applanim.2016.07.014. Disponível em: https://www.sciencedirect.com/science/article/pii/S0168159116302192. Acesso em: 25 dez. 2021.

PERNAMBUCO. Tribunal de Justiça do Estado de Pernambuco. **Apelação n.º 0071070-80.2010.8.17.0001**. Relator: Des. Jones Figueirêdo, 2012. Recife, 2012.

RIBEIRO, Rosângela. **Entenda a diferença entre bem-estar e direito dos animais**. World Animal Protection Brasil. São

Paulo, 10 fev. 2020. Disponível em: https://www.worldanimalprotection.org.br/blogs/bem-estar-ou-direito-dos-animais. Acesso em 21 set. 2021.

RIO GRANDE DO SUL. Tribunal de Justiça do Estado do Rio Grande do Sul. **Agravo de Instrumento n.° 70063788707.** Relator: Des. Glênio José Wasserstein Hekman, 2015. Porto Alegre, 2015.

SANTANA, Luciano Rocha; OLIVEIRA, Thiago Pires. **Direito da saúde animal**. Curitiba: Juruá, 2019.

SÃO PAULO. Lei n.° 11.531, de 11 de novembro de 2003. Estabelece regras de segurança para posse e condução responsável de cães. **Diário Oficial do Estado de São Paulo**: seção X, São Paulo, ano XXX, n.° X, p. X, 24 jan. 2003.

SÃO PAULO. Lei n.º 16.930, de 24 de janeiro de 2019. Autoriza o traslado de animais domésticos de pequeno porte em trens, metrôs, VLT e ônibus intermunicipais. **Diário Oficial do Estado de São Paulo**: seção X, São Paulo, ano XXX, n.º X, p. X, 24 jan. 2019.

SÃO PAULO. Lei n.º 17.389, de 28 de julho de 2021. Dispõe sobre a queima, a soltura, a comercialização, o armazenamento e o transporte de fogos de artifício de estampido no Estado de São Paulo e dá outras providências. **Diário Oficial do Estado de São Paulo**: seção 1, São Paulo, ano 131, n.º 145, p. 1, 29 jul. 2021a.

SÃO PAULO. Tribunal de Justiça do Estado de São Paulo. **Apelação n.º 2385004800.** Relator: Des. Paulo Eduardo Razuk, 2009. São Paulo, 2009.

SÃO PAULO. Tribunal de Justiça do Estado de São Paulo. **Apelação n.º 994093357183.** Relator: Des. Percival Nogueira, 2010. São Paulo, 2010.

SÃO PAULO. Tribunal de Justiça do Estado de São Paulo. **Apelação n.º 9046104-97.2000.8.26.0000.** Relator: Des. Coelho Mendes, 2011. São Paulo, 2011.

SÃO PAULO. Tribunal de Justiça do Estado de São Paulo. **Agravo de Instrumento n.º 2068780-07.2013.8.26.0000.** Relator: Des. Cesar Ciampolini, 2014. São Paulo, 2014b.

SÃO PAULO. Tribunal de Justiça do Estado de São Paulo. **Apelação n.º 9146394.42.2008.8.26.0000.** Relator: Des. Ramon Mateo Jr., 2014. São Paulo, 2014c.

SÃO PAULO. Tribunal de Justiça do Estado de São Paulo. **Voto 20626 no Agravo**

de Instrumento de número indisponível. Relator: Des. Carlos Alberto Garbi, 2015a. São Paulo, 2015. Processo judicial em segredo de justiça. Disponível em: https://www.tjsp.jus.br/SecaoDireitoPrivado/Noticias/Noticia?codigoNoticia=28379. Acesso em: 29 jan. 2022.

SÃO PAULO. Tribunal de Justiça do Estado de São Paulo. **Agravo de Instrumento n.° 2023136-70.2015.8.26.0000.** Relator: Piva Rodrigues, 2015. São Paulo, 2015b.

SÃO PAULO. Tribunal de Justiça do Estado de São Paulo. **Apelação n.° 1013363-38.2017.8.26.0003.** Relator: Pedro Baccarat, 2018. São Paulo, 2018.

SÃO PAULO. Lei n.° 13.131, de 18 de maio de 2001. Disciplina a criação, propriedade, posse, guarda, uso e transporte de cães e gatos no município de São Paulo. **Diário Oficial da Cidade de São Paulo**:

seção 1, São Paulo, ano 124, n.º 16, p. 1, 24 jan. 2014d.

SÃO PAULO. Lei n.º 16.125, de 11 de março de 2015. Dispõe sobre a autorização de o Poder Executivo disciplinar o transporte de animais domésticos no serviço municipal de transporte coletivo de passageiros no Município de São Paulo. **Diário Oficial da Cidade de São Paulo**: seção 1, São Paulo, ano 124, n.º 16, p. 1, 24 jan. 2014d.

SÃO PAULO. Decreto n.º 58.907, de 9 de agosto de 2019. Regulamenta os serviços de compartilhamento de patinetes elétricos acionados por meio de plataformas digitais. **Diário Oficial da Cidade de São Paulo**: seção 1, São Paulo, ano 124, n.º 16, p. 1, 24 jan. 2014d.

SMITH, Jane A. **A question of pain in invertebrates**. ILAR Journal, [*s. l.*], v. 33, n.º 1-2, p. 25-31, 1991. DOI: https://doi.org/10.1093/ilar.33.1-2.25. Disponível em: https://academic.oup.com/ilarjournal/article/33/1-2/25/737400. Acesso em: 27 dez. 2021.

WORLD ANIMAL PROTECTION. **Crueldade à venda: os problemas da criação de animais silvestres como pet**. São Paulo, 2019. Disponível em: https://www.worldanimalprotection.org.br/sites/default/files/media/br_files/documents_br/wap-relatorio-crueldade-a-venda-062019.pdf. Acesso em 12 out. 2022.

Letrasdo
Pensamento